Quand les cégépiens se font humoristes

Illustration de la couverture : Yvon Roy
Illustrations : Art Explosion
Conception graphique et mise en pages : Les Éditions Lauzier, Inc.
Graphisme de la couverture : Christian Campana
Révision linguistique : Johanne Forget

Les Éditions Lauzier, Inc.
editionslauzier@videotron.ca
Tél.: (450) 627-4093 - Téléc.: (450) 627-0204

ISBN 2-89573-006-7

Quand les cégépiens se font humoristes

© Les Éditions Lauzier, Inc.
Dépôt légal: 3e trimestre 2003
Bibliothèque nationale du Québec
Bibliothèque nationale du Canada

Marc Simard

Quand les cégépiens se font humoristes

Éditions
Lauzier

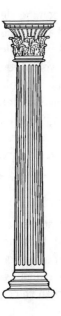

Avant-propos

Le métier d'enseignant comporte, comme les autres, ses joies et ses peines. Il serait fastidieux de mentionner les secondes, tant les intéressés les connaissent et tant les profanes n'y voient que jérémiades. Mais, heureusement, même ses plus pénibles moments, dont la correction, recèlent leur part de plaisir pour ne pas dire de jubilation. Il y a une douzaine d'années, l'auteur de ce recueil a commencé à recueillir les blagues involontaires dont les élèves émaillaient leurs travaux et examens.

Comment expliquer ces créations de l'inconscient étudiant? Certaines de ces perles sont tout simplement le fruit d'un manque d'attention, quoique Freud eût pu voir en elles des «actes manqués». D'autres proviennent d'une volonté de bien faire.

D'autres encore originent d'un certain désespoir de l'élève qui ne connaît pas la réponse mais qui jette dans la balance ses maigres connaissances dans l'espoir de récolter quelques points le plus souvent immérités. Certaines même sont peut-être volontaires, issues d'une volonté de dérision envers le système éducatif ou les exigences de l'enseignant. Il ne faudrait pas voir dans ce florilège une quelconque analyse du système d'éducation ou une dénonciation des supposées lacunes de la jeune génération. Après tout, ces «perles» ont été amassées sur une douzaine d'années, ce qui signifie que pour en recueillir un peu plus de cinq cents, soit le matériau brut de ce recueil, l'enseignant a rencontré plus de 3500 élèves qui lui ont remis chacun une dizaine de textes, que ce soient des examens, des travaux longs ou des laboratoires.

On conviendra qu'il n'y a pas là matière à hurler à la Lune. Ce qui ne signifie pas non plus que ces produits des élèves de nos collèges soient dénués de sens: on y trouvera certes matière à réflexion selon sa formation et ses inclinaisons.

Quoi qu'il en soit, le matériau demeure d'une grande richesse et mérite d'être lu et connu. Puisse-t-il agrémenter vos soirées et vos rencontres familiales !

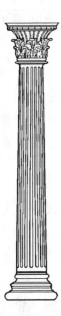

L'Antiquité
dépoussiérée

1.

Les Égyptiens maîtrisaient les mouvements des planètes.

Commentaire:

Encore un de ces secrets perdus des civilisations disparues.

2.

Les Étrusques pratiquaient la division des terres en quartiers pour faciliter le voyagement.

Commentaire:

Par autobus, bien sûr.

3.
Les Égyptiens
écrivaient sur du
papirustre.

Commentaire:

De la peau séchée de
grand-père paysan?

4.

À long terme,
les principales conséquences
des conquêtes d'Alexandre le
Grand sont qu'il est mort.

Commentaire:

Bien fait pour lui.

5.
La présence
du Nil a permis aux
Égyptiens de pratiquer
l'irrigation des eaux.

Commentaire:

En plein désert!

6.
Parmi les caractères communs que se partagent les grandes civilisations amérindiennes pré-colombiennes, il y a le vent.

Commentaire:

C'est mieux que la pluie!

7.
Les premiers
villages sont apparus
pendant le maléolithique.

Commentaire:

Une époque qui ne
va pas à la cheville
de la nôtre.

8.
Mithridate VI Eupator,
roi du Pont, se rendit
invulnérable au poisson.

Commentaire:

En utilisant du citron,
je suppose?

9.
*La première
bête de somme à avoir été
utilisée au Proche-Orient
est le serpent.*

Commentaire:

Hue!

10.

En Mésopotamie,
l'écriture est de forme
cunéibique, ce qui veut
dire en cube.

Commentaire:

L'écriture en trois
dimensions?

11.

*Les civilisations
des vallées fertiles se servent
beaucoup de la nature pour
vivre, manger et dormir.*

Commentaire:

*Nous n'avons
rien inventé!*

12.
Les Égyptiens
vénéraient les dieux même
après leur mort.

Commentaire:

La foi meurt, mais ne
se rend pas!

13.
Les Étrusques
pratiquaient l'architecture
en damier.

Commentaire:

Le travail par le jeu.

14.
Les Mésopotamiens
pratiquaient l'écriture
cunnilingus.

Commentaire:

On trempe sa langue dans
l'encrier, puis...

15.

La civilisation égyptienne
a instauré le système de momification et construit des pyramides
pour garder intacts le plus
possible le corps et l'âme des gens.

Commentaire:

Quelle belle âme, ce
Toutankhamon!

16.
La forme d'écriture
des Mésopotamiens est
unilingue (ils ne connaissent
que les consonnes).

Commentaire:

Vivement le bilinguisme!

17.
La civilisation mésopotamienne est située sur le bord de la Mésopotamie.

Commentaire:

Si le prof ne me donne pas de points pour ça, je demande une révision de note.

18.

Pour permettre
aux gens de se loger,
les Mésopotamiens ont bâti
des temples.

Commentaire:

Pas de crise du logement en
Mésopotamie.

19.

Les Égyptiens vivaient
dans des pyramides qu'ils
construisaient de leurs
propres mains.

Commentaire:

Comme ça, il n'y a pas
de toiture à réparer:
il suffisait d'y penser!

20.

Les Égyptiens croient en plusieurs dieux et ils pratiquent la momification de ceux-ci afin de les garder plus longtemps.

Commentaire:

Car il est bien connu que les dieux ont tendance à disparaître si on ne les momifie pas!

21.

L'écriture des
Égyptiens est hellénéïque,
ce qui signifie qu'elle s'écrit
sur du papier rose.

Commentaire:

On suppose
qu'ils n'écrivaient que
des lettres d'amour.

22.
Les Égyptiens ont perfectionné l'astrologie hellénique.

Commentaire:

La Cropole, diseuse de bonne aventure.

23.

Les Mésopotamiens possèdent de grands talents en mathématiques, dont l'horloge de 360 degrés.

Commentaire:

Leurs découvertes ont donc traversé le temps.

24.
Les 26 lettres
de l'alphabet nous servent
à parler et à écrire.

Commentaire:

Et sans doute aussi à
chanter!

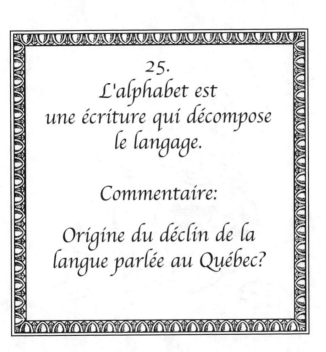

25.
L'alphabet est
une écriture qui décompose
le langage.

Commentaire:

Origine du déclin de la
langue parlée au Québec?

26.
L'alphabet,
ce sont des formes
qui font des sons.

Commentaire:

Ba, be, bi, bo, bu...

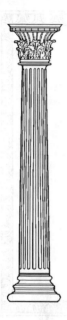

Pas si antiques que ça, les Grecs

27.
Les Grecs étaient
un peuple démocratique
mais totalitaire.

Commentaire:

Ils sont fous
ces Grecs!

28.
Les Spartiates
et les Corinthiens sont
exclus de la démocratie
athénienne.

Commentaire:

Logique imparable!

29.
Les pièces de théâtre
d'Aristote ont traversé les
peuples à travers le temps.

Commentaire:

Des textes tranchants
et profonds.

30.
À Athènes, l'assemblée
du peuple commençait par
une offrande odieuse.

Commentaire:

Les dieux devaient
apprécier.

31.
Les Jeux olympiques
nous viennent de l'Empire
romain au Moyen Âge.

Commentaire:

Ai-je oublié quelque
chose?

32.
Une des faiblesses de la démocratie grecque, c'est que les assemblées se faisaient à la basse ville.

Commentaire:

Où, bien sûr, les bourgeois ne voulaient pas se rendre.

33.
Le bouddhisme est
la principale caractéristique
de la religion dans
la Grèce antique.

Commentaire:

Ça vous en bouche
un coin, hein?

34.
Depuis l'Asie mineure,
la mer Égée s'étend
jusqu'à la Graisse.

Commentaire:

Incroyable,
mais vrai!

35.
Les Grecs fondent
des écoles où plusieurs
philosophes voient le jour.

Commentaire:

Des écoles de
sages-femmes?

36.
L'Acropole est
une école philosophique
de l'école hellénistique.

Commentaire:

Une rude
école!

37.
En Grèce antique,
les femmes n'ont aucun
droit à la notoriété.

Commentaire:

Fama volat!

38.
Les Grecs,
ce peuple de la steppe...

Commentaire:

Où Zorba apprit à faire
des steppettes?

39.

Les Phéniciens ont inventé
l'alphabet, mais ce sont les Grecs
qui ont ajouté les voyelles:
donc ils ont pu faire du théâtre
et de l'art oratoire.

Commentaire:

Que serait le théâtre
sans les voyelles?

40.
Dans la Grèce antique,
les femmes sont confinées
au génocide.

Commentaire:

Peuple barbare!

41.
Homère
a écrit l'Iode et
l'Odyssée.

Commentaire:

Pour soigner les blessures
au tendon d'Achille?

42.
Dans la mer,
les Grecs trouveront
de l'argile pour construire
leurs maisons.

Commentaire:

Et du pétrole pour
les chauffer?

43.
*Les Grecs
ne peuvent pas faire
d'agriculture, alors ils font
la triade des Maritimes.*

Commentaire:

Patates, homard et...?

44.
Le climat de
la Grèce était très
abordable.

Commentaire:

Les pauvres y prenaient
leurs vacances.

45.

Les Grecs pouvaient
continuer leurs activités l'hiver
dû au fait qu'il n'y a
pas d'hiver en Grèce.

Commentaire:

Deux mille cinq cents ans
de rationalisme pour
en arriver là!

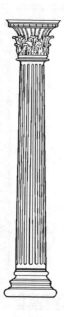

Ils sont
fous ces
Romains

46.
Les Romains
ont une armée formée
de soldats.

Commentaire:

Ça s'appelle avoir
de la suite dans
les idées.

47.
Le troisième
régime politique de
la Rome antique est
l'empirisme.

Commentaire:

Ça empire!

48.

Les Romains ont établi
le principe juridique suivant:
mieux vaut libérer un coupable
qu'un non-coupable.

Commentaire:

C'est sûrement une des
causes du déclin de
l'Empire romain!

49.

Les aqueducs romains sont très utiles pour évacuer les toilettes que nous utilisons aujourd'hui.

Commentaire:

Et la mauvaise haleine, vous y avez pensé?

50.
Ce magistrat
se nomme le
concul.

Commentaire:

Il y a des coups
de pieds quelque part
qui se perdent.

51.

Dans la partie qui suit,
il me sera possible de vous
éclaircir un peu sur la chute
de l'Empire romain.

Commentaire:

Période sombre
entre toutes!

52.
L'édifice qui est
le siège du Sénat à Rome
se nomme la curry.

Commentaire:

Des débats épicés
en perspective.

53.
Un mécène est quelqu'un qui protège les articles et les savants.

Commentaire:

Qui a dit que la grammaire n'était pas un art?

54.
Chez les Romains,
la non-cohabitation
constitue le fondement
du mariage.

Commentaire:

Ça ne fait pas des
enfants forts!

55.

Une des causes
de la chute de l'Empire
romain est l'abolition
des sols cultivables.

Commentaire:

Une loi draconienne
s'il en est!

56.
On assiste alors
aux évasions
germaniques.

Commentaire:

Évasions massives?

57.
Les Byzantins
ont converti les Romains
au christianisme.

Commentaire:

Retour vers le futur.

58.
Cette partie
de la Gaule se nomme
la Gaule poilue.

Commentaire:

Poil au ...!

59.
À Rome,
lors de la crise du
IIIe siècle, des guerres
intestinales éclatent.

Commentaire:

Ça sent mauvais!

60.
Ces peuples
se nomment les
Italoïdes.

Commentaire:

Cousins des Mongoloïdes
et des Hémorroïdes.

61.
C'est une victoire
à la papyrus.

Commentaire:

Ça mérite d'être
consigné!

62.

Le vin au repas
est à l'origine de l'Empire
romain qui, après s'être
effondré, nous a légué
cette habitude.

Commentaire:

Maudite boisson!

63.

Les trois grands régimes politiques de la civilisation romaine antique sont le primaire, le secondaire et le tertiaire.

Commentaire:

Pas le quaternaire?

64.
*Le pouvoir romain
est servi par une
administration délicate.*

Commentaire:

*Encore un peu de
champagne et de foie gras,
Julia?*

65.
Un des plus grands
héritages de la Rome antique,
ce sont ces merveilleuses ruines
qu'elle nous a léguées à
des fins touristiques.

Commentaire:

La prescience des Romains
était sans bornes.

66.

On peut très bien comparer Jules César au président du Canada.

Commentaire:

Ou à l'inventeur de la salade César!

67.
La langue des Romains est influencée par le latin des Grecs.

Commentaire:

On en perd son latin!

68.
Les cropoles font
partie de l'architecture
romaine.

Commentaire:

Et les palatins
de l'architecture
hellénique.

69.
Les nobles achètent les terres des paysans romains et leur imposent un revenu.

Commentaire:

Faisons payer
les riches!

70.
La famille
romaine est
sédimentaire.

Commentaire:

Tous y portent
la couche.

71.
Les Romains
vivaient sous un mode
de vie romain.

Commentaire:

Keep it simple!

72.

Les Romains étaient capables de construire d'immenses édifices sans pour autant qu'ils soient pesants.

Commentaire:

Légers, aériens...

73.

En politique, les Romains établirent la bureaucratie, où les fonctionnaires de l'État sont utilisés de manière péjorative.

Commentaire:

Ils sont donc les inventeurs des blagues sur la fonction publique.

74.
Ensuite arriva
le latin, qui de nos jours est
le dérivé du français.

Commentaire:

Voilà pourquoi on
l'enseignait dans les
collèges classiques.

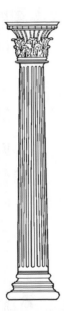

Les juifs et les musulmans dans le même bain

75.
À ce moment,
les juifs vivaient dans des
endroits insolubles.

Commentaire:

Comment appelle-t-on
un ghetto en forme de
labyrinthe?

76.
Les Hébreux ont
transmis à l'Occident deux
thèmes religieux fondamentaux:
le monothéisme et
le polythéisme.

Commentaire:

Est-ce que j'ai la
bonne réponse?

77.
Les juifs
sont accusés d'être
coupables de la mort
du Christ.

Commentaire:

Et merde à la présomption
d'innocence.

78.
Les Hébreux ont inventé
le mithéisme, c'est-à-dire
faire des miths.

Commentaire:

Trois petits minous,
qui ont perdu leurs
mitaines...

79.
Les musulmans doivent aller à l'AMEC.

Commentaire:

Il s'agit sans doute de l'Association Musulmane d'Écoles Coraniques.

80.
L'islam
est un mélange plus
ou moins cohérent de
doctrines, de systèmes
et de croyances.

Commentaire:

Sans commentaire.

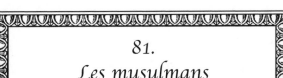

81.
Les musulmans
doivent faire le pèlerinage
et les métèques.

Commentaire:

Pas se les faire,
quand même?

82.

Les Hébreux ont
transmis à l'Occident deux
thèmes religieux fondamentaux:
le monothéisme et
le machinisme.

Commentaire:

*Comme dans Deus
ex machina?*

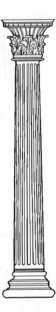

Le
christianisme
renouvelé

83.
Dans la
religion chrétienne,
on pardonne aux autres
leurs offrandes.

Commentaire:

D'où la coutume de donner
des cravates à pois à Noël!

84.

À partir
du Xᵉ siècle,
l'Église catholique amorce
sa déclinaison.

Commentaire:

Rosa, rosa,
rosam...

85.
La religion catholique
a pris naissance avant
Jésus-Christ.

Commentaire:

Ainsi que le bouddhisme,
né avant Bouddha!

86.
Notre société
est chrétienne parce que
Jésus est né à Bethléem
durant le Moyen Âge.

Commentaire:

Heureusement que j'ai
de la mémoire!

87.

Il y a plusieurs différences entre les dominicains et les franciscains. Ainsi, les dominicains ont plusieurs femmes et ne croient qu'en un seul Dieu, tandis que les franciscains n'ont qu'une femme et sont monothéistes.

Commentaire:

C'est complexe, les ordres monastiques.

88.
Un des grands
penseurs de l'Église
catholique au Moyen Âge
est St-Amas d'Aquin.

Commentaire:

Auteur de la Somme
théologique.

89.
On assiste, à cette époque, à une augmentation du nombre de ségrégations religieuses.

Commentaire:

Du travail en perspective pour Martin Luther King.

90.
L'indifférence religieuse actuelle provient des premières invasions barbares (les Croisades) qui ont provoqué une insécurité chez les peuples au XV⁰ siècle.

Commentaire:

Et voilà le travail! On passe à la question suivante.

91.

La principale différence entre le christianisme et le judaïsme, c'est que dans le christianisme, Dieu c'est le Christ, et dans le judaïsme, Dieu c'est Judas.

Commentaire:

Et dans le protestantisme?

92.
Les Romains
ont beaucoup influencé
le christianisme, car c'est
eux qui ont écrit la Bible.

Commentaire:

Sans compter
le Coran!

93.
Le pape
est puissant parce qu'il
est le fils de saint
Pierre.

Commentaire:

A-t-on eu besoin du test
d'ADN pour le prouver?

94.

Les franciscains se posent la question suivante: le Christ portait-il la robe qui le vêtait?

Commentaire:

Question sans réponse.

95.
L'hérédité
est le croyant qui ne fait
pas partie du clergé.

Commentaire:

Voilà pourquoi
le mariage des prêtres
est interdit.

96.
L'église est un lieu de prospérité et de prière.

Commentaire:

Le Christ n'a-t-il pas dit qu'il était plus difficile à un riche d'entrer au Paradis qu'à un chameau de passer par le chas d'une aiguille?

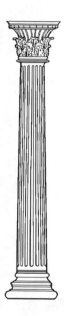

Le Moyen Âge
comme il n'a
jamais été
raconté

97.
On voit
l'apparition du chant
gothique.

Commentaire:

...et de l'architecture
grégorienne.

98.
Les Barbares ont
des «pensées barbares»,
ce qui remplace chez eux la
notion romaine d'État.

Commentaire:

Barbarie, quand
tu nous tiens!

99.
Tout ceci nous
confirme que Jeanne d'Arc
fut exécutée de son vivant.

Commentaire:

Il faut vivre sa vie et non
mourir sa mort.

100.
Au Moyen Âge,
saint Bernard de Clairvaux
oriente le sentiment religieux
vers la dévotion aux parties du
corps d'une personne sainte.

Commentaire:

Comme les seins de...?

101.
Dans l'art gothique,
les murs sont soutenus
par des colonnes.

Commentaire:

C'est pourtant évident!

102.

Le vassal fait
un don en argent à son
suzerain quand celui-ci
part pour la retraite.

Commentaire:

Pourquoi pas une
montre en or?

103.
La croisade
d'ogives est à la base
de l'art gothique.

Commentaire:

On est médiéval ou
on ne l'est pas.

104.
Les Croisades
sont des guerres
pacifiques.

Commentaire:

Que les morts
se le tiennent
pour dit.

105.
Une des innovations
du Moyen Âge en matière
agricole est l'attraction
animale.

Commentaire:

La zoophilie?

106.
Le suzerain
et le vassal entretiennent
des rapports intimes.

Commentaire:

C'est dégueulasse!

107.
Au Moyen Âge, avec une nouvelle construction, l'Église peut augmenter sa hauteur et amincir sa longueur pour les murs: de cette façon, les vitraux apparaissent.

Commentaire:

Euh?

108.
Au XXᵉ siècle,
comme au Moyen Âge,
on doit construire des édifices en
hauteur, car on ne peut plus
prendre d'expansion
par en bas.

Commentaire:

C'est l'enfer.

109.

L'Occident divisé en royaumes germaniques se reconstruit, du Ve au Xe siècle, sur des bases de bâtisses déjà construites, mais qui n'appartiennent plus à personne.

Commentaire:

L'histoire, c'est l'art du concret!

110.
Comme les étudiants devaient voyager à travers l'Europe au Moyen Âge, on a inventé les agences de voyage.

Commentaire:

On avait l'esprit pratique, au Moyen Âge.

111.

Au Moyen Âge,
on découvrit de meilleures
façons d'irriguer l'eau.

Commentaire:

Des procédés fluides!

112.
Une des fonctions
des monastères au Moyen
Âge est d'inventer de
nouvelles recettes.

Commentaire:

Voilà donc d'où vient
sœur Angèle.

113.
Parmi les droits
régaliens qui sont dispersés
entre les seigneurs dans la
société féodale, il y a celui
de battre les paysans.

Commentaire:

Si encore ils s'étaient contentés
de battre monnaie!

114.
Au Moyen Âge,
une des fonctions des
monastères est l'écriture
de la Bible.

Commentaire:

En quelle langue?

115.
Le lien qui unit
le vassal au suzerain est
héréditaire, car le vassal a le
droit d'avoir des enfants.

Commentaire:

Heureux vassal!

116.

Un des principaux progrès de l'agriculture au Moyen Âge est l'invention de la boussole, qui aide l'agriculteur à s'orienter.

Commentaire:

Ai-je semé le blé au sud ou au nord?

117.
Dans l'art roman,
on trouve de simples
colonnes qui reposent
sur les murs.

Commentaire:

Comme c'est ingénieux!

118.
Les moines bénédictins
défrichent les marais.

Commentaire:

L'essouchage y est
moins difficile.

119.
Dans l'art roman,
ce sont les murs qui
retiennent le plafond.

Commentaire:

Architecture 101.

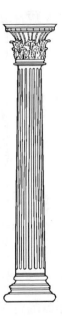

La Renaissance et la période moderne confondues

120.

Les humanistes seraient caractérisés par une passion brûlante au retour des langues anciennes.

Commentaire:

On parle sans doute ici de langues de feu.

121.

Depuis
la Renaissance,
l'Esprit saint doit être
contenu dans un corps
saint.

Commentaire:

Hérétique!

122.

On appelle
généralement le XVIIIe
siècle les Années
Lumières.

Commentaire:

À un cheveu
de la réponse.

123.
Au XVIIIe siècle,
il y a éruption de plusieurs
grands compositeurs comme
Bach et Mozart.

Commentaire:

Qui avaient des
tempéraments volcaniques.

124.

La philosophie
des Lumières postule que
le despotisme est source de
justice et de bonté.

Commentaire:

Éteignez les lumières!

125.
La Révolution française
apporte à la bourgeoisie la
faculté de procréer.

Commentaire:

Naissance du concept de
reproduction sociale.

126.
Parmi les grands types
de monarchie de l'époque
moderne, il y a la monarchie
papale, la monarchie privée et
la monarchie publique.

Commentaire:

Est-ce que j'en ai
oublié une?

127.
Un des trois
grands types de monarchie
de l'époque moderne est la
potiche éclairée.

Commentaire:

S'agit-il de Catherine II
de Russie?

128.
Un des principaux
motifs des grandes
découvertes est de donner
de l'emploi aux esclaves.

Commentaire:

Voleurs de jobs!

129.
À la Renaissance,
les peintures n'ont pas
de fond.

Commentaire:

Et les peintres pas
de bout!

130.
Le mouvement
humaniste prône
l'adoration du corps
humain.

Commentaire:

Cochons!

131.
À la Renaissance,
la sculpture est faite
en trois dimensions.

Commentaire:

Ainsi, pas de confusion
possible avec la peinture.

132.

L'invention
de l'imprimerie fait que les
moines ne savent plus
quoi faire.

Commentaire:

L'oisiveté est la mère
de tous les vices.

133.
Au XVIIᵉ siècle,
la religion dominante
en Angleterre est
l'anglicisme.

Commentaire:

Je supplie votre
pardon!

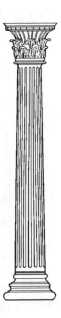

Les guerres
dédramatisées

134.
La Première Guerre
mondiale a creusé le
cercueil de l'Europe.

Commentaire:

Pourquoi n'a-t-on pas
pensé à la crémation?

135.
Plusieurs peuples,
surtout les bourgeois, sont
ébranlés par le Première
Guerre mondiale.

Commentaire:

Ce sont bien sûr les habi-
tants de la Bourgeoisie.

136.
Les pays
mettent sur pied divers
arrangements de paix,
ce qui fait déclencher
sérieusement la guerre.

Commentaire:

Si vis bellum, para pacem!

137.
La principale cause
de la Première Guerre
mondiale fut l'attentat
contre M. Ferdinand.

Commentaire:

Alors que celui contre
M. Dupont passa inaperçu.

138.
Le moindre bruit
peut provoquer cette
grande guerre.

Commentaire:

Chut!

139.
En août 1914, alors qu'ils partent pour le front, les hommes croient qu'ils seront revenus pour les vents d'anges.

Commentaire:

Malheureusement, ils furent gazés.

140.
Lors de la
Première Guerre mondiale,
l'Allemagne veut s'étendre
sur la France.

Commentaire:

...qui refuse
énergiquement!

141.
La Deuxième
Guerre mondiale est
marquée par de violentes
guerres.

Commentaire:

Et merde aux
pacifistes!

142.
Parfois,
la Première Guerre
mondiale semblait prendre
les hommes pour des biens.

Commentaire:

C'était un bien
pour un mal.

143.
L'Angleterre veut empêcher l'Allemagne de défoncer la France pour ensuite monter chez elle.

Commentaire:

Et y faire du vandalisme?

144.
Cette guerre
a fait des tonnes
de morts.

Commentaire:

La mort à
la livre.

145.
La guerre s'en prit
alors au capitalisme qui,
à tâtons, faisait son entrée
dans la bourgeoisie.

Commentaire:

À tâtons?

146.
Cette guerre
mouillait quiconque ne
voulait pas l'être.

Commentaire:

Les météorologues étaient
encore dans le champ!

147.
Mozart naquit
en 1756, année où la
Première Guerre mondiale
éclata.

Commentaire:

Voilà pourquoi on l'appelle
la Grande Guerre!

148.
Pendant la Deuxième Guerre mondiale, le camp d'extermination d'Auschwitz est le plus populaire.

Commentaire:

On dit qu'il fallait réserver longtemps d'avance.

149.
Ce qui provoque chez
les soldats de la Première
Guerre mondiale une
panique absolue, c'est le cri
du gaz qui s'échappe.

Commentaire:

Un cri satanique!

150.
Depuis sa création,
l'ONU a avorté des
débuts de conflits.

Commentaire:

Qu'en pensent
les pro-vie?

151.
La Première et la Deuxième Guerre mondiales ont causé beaucoup de pertes humaines; c'est pourquoi on les qualifie d'humanitaires.

Commentaire:

Homo sum, et...

152.

En 1914, les conscrits
espèrent rentrer chez eux
pour les moussons.

Commentaire:

Ma Tonkiki, ma Tonkiki,
ma Tonkinoise...

153.
À la fin
des années 80, les
organisations du bras
de fer sont démantelées.

Commentaire:

Et celles de la
jambe de bois?

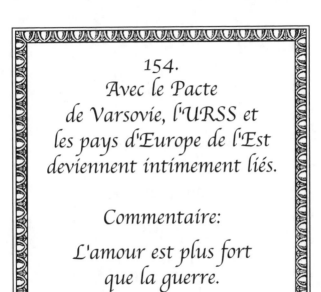

154.
Avec le Pacte
de Varsovie, l'URSS et
les pays d'Europe de l'Est
deviennent intimement liés.

Commentaire:

L'amour est plus fort
que la guerre.

155.
En 1968, les
Tchécoslovaques réclament
la langue de bois.

Commentaire:

Sans doute parce
qu'il y a pénurie de
langue de bœuf!

156.
En août 1968,
les souteneurs du Pacte de
Varsovie envahissent la
Tchécoslovaquie.

Commentaire:

Quelles putes,
ces communistes!

157.
Le mur de Berlin
fut détruit par une
bataille que l'on ne
peut nommer.

Commentaire:

L'ignorance est la
mère du vice.

158.
L'Occident
ne bougeait pas, car
il était dans un moment
de détente.

Commentaire:

Guerre froide
et farniente.

159.
Le mur de Berlin
sera construit pour séparer
les Berlinois en quatre.

Commentaire:

Quelles souffrances
atroces!

160.
Le monde est divisé en deux:
d'un côté le communisme,
de l'autre le capitalisme
et la démographie.

Commentaire:

Le communisme, ça ne fait
pas des enfants forts!

Quand le
fascisme était
drôle

161.
Dans l'Italie fasciste,
les opposants étaient
très dérangés.

Commentaire:

Bande de fous,
va!

162.
Hitler est
antisémite contre
les juifs.

Commentaire:

Logique
imperturbable.

163.
Le Parti national-socialiste favorise les Allemands, qui sont en majorité en Allemagne. C'est ce qui explique leur élection.

Commentaire:

Il suffisait d'y penser.

164.
Comme Hitler
prévoit et pense beaucoup,
il veut se débarrasser
des juifs.

Commentaire:

C'est songé!

165.
En 1936,
Hitler établit le silence
militaire obligatoire.

Commentaire:

Et il nomme des
carmélites généraux.

166.
On croit alors
que le fascisme italien
bénéficie de la bénédiction
pontifiscale.

Commentaire:

Encore une affaire
d'argent!

167.
Le fascisme
italien bénéficie de la
ponction bénéficiale.

Commentaire:

Elle bénéficie à qui
cette ponction?

168.
Les nazis sont
des révisionnaires qui
veulent réviser le traité
de Versailles.

Commentaire:

Je vois une guerre
victorieuse...!

169.
Un vrai
fasciste ne résonne pas,
il obéit.

Commentaire:

Boum! Boum!
Boum!

170.
Dans l'entre-deux-guerres,
Hitler et Mussolini prennent
leur élan avant de faire
le grand saut.

Commentaire:

Un mariage de raison,
sûrement!

171.
En janvier 1933,
Hitler est nominé chancelier.

Commentaire:

Dans la catégorie grands dictateurs, les nominés sont: Adolf Hitler, Benito Mussolini, ...

172.
En 1933,
Hitler fait construire
un premier quand
de concentration.

Commentaire:

Quid?

173.
À Nuremberg,
on jugera les crimes
contre l'unanimité.

Commentaire:

Le totalitarisme refuse
de mourir.

L'Union
soviétique et le
communisme
revisités

174.
L'implosion
du bloc soviétique
s'est faite en moins
d'un siècle.

Commentaire:

Hâte-toi lentement!

175.
Les communistes
se battent contre la lutte
des classes.

Commentaire:

C'est une guerre
sans merci.

176.
À ce moment, l'URSS
veut entrer en guerre pour
consolider le tsarisme.

Commentaire:

Pourquoi le prof
a-t-il écrit «anachronisme»
dans la marge?

177.
À ce moment,
la menace rouge doit
combattre le communisme.

Commentaire:

Le péril jaune,
sans doute?

178.
Cette doctrine,
c'est le
marxisme-lésichisme.

Commentaire:

Quel grand penseur
ce Lésiche.

179.
L'art, la presse et l'école sont
arnaqués afin d'inculquer à
la population les thèmes du
marxisme et du léonisme.

Commentaire:

Léon l'arnaqueur, prince
de la pédagogie.

180.
Le plan quinquennal
soviétique fixe des objectifs
qui doivent être atteints
de manière péjorative.

Commentaire:

D'où la mauvaise qualité
des produits.

181.
Lénine est revenu
en Russie en vagabond
blindé.

Commentaire:

Il n'avait même pas
les moyens de prendre
le train.

182.
Sous Khrouchtchev,
on laisse de côté la génétique
aux dépens de théories funestes
et botaniques qui chantent
à l'agriculture.

Commentaire:

Les chants désespérés sont les
chants les plus beaux.

183.
Ce phénomène
se passe dans
les Cocases.

Commentaire:

Pays des
Cocus?

184.
En URSS,
l'agriculture se fait sur
le dos des paysans.

Commentaire:

Quand on parle de
parcelles minuscules!

185.
Les Bolchéviks
ont dissous
le tsar.

Commentaire:

Dans l'acide?

186.
L'agriculture
soviétique est libéralisée
par la fin des
inquisitions.

Commentaire:

Croîs ou meurs?

187.
Lors de la révolution d'Octobre, les bolcheviks prennent le contrôle du chalet d'hiver.

Commentaire:

Et après, vivement les vacances!

188.
Khrouchtchev
prône un retour à
l'agriculture agraire.

Commentaire:

Quel grand réformateur
ce monsieur K.

189.
Depuis 1982,
l'URSS vit avec un énorme
boulon au pied, un boulon
extrêmement lourd et
difficile à enlever.

Commentaire:

A-t-on pensé à la chirurgie?

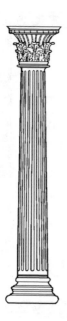

L'Europe
revue et
corrigée

190.
En 1919,
l'Allemagne est déclarée
zone démitraillée.

Commentaire:

Que les mitrailleurs
se tirent ailleurs!

191.
L'eau courante
nous vient d'Europe,
au XIXe siècle.

Commentaire:

Elle coule depuis
ce temps.

192.
La République
de Weimar s'est aliénée
la droite communiste.

Commentaire:

Et la gauche
fasciste?

193.
En 1947, les Américains souhaitaient venir en aide aux Européens, car ceux-ci avaient eu de nombreux débris lors de la Deuxième Guerre mondiale.

Commentaire:

Et ils en ont fait quoi, de tous ces débris?

194.
Le plan Dawes
prévoit un retirement
des trappes dans la région
du Ruhr.

Commentaire:

Un plan machiavélique!

195.
L'Espagne
s'est alors retrouvée nez
à nez avec un échec.

Commentaire:

Qu'elle combattit
pied à pied.

196.
Le système
d'alliances établi par
Bismarck fait bouillir
les pays.

Commentaire:

Les diplomates sont dans
l'eau chaude.

197.
Au XIXᵉ siècle,
les tsars mettent de l'avant
le ruissisme, c'est-à-dire
parler seulement russe
dans le pays.

Commentaire:

Un tsar, une foi,
un ruisseau?

198.
On assiste à ce moment
à la création d'une nouvelle
monnaie allemande:
le Bismarck.

Commentaire:

Qui vaut deux fois plus
que le mark.

199.
Le régime constitutionnel qui précède le Premier Empire pendant la Révolution française est le consulat de France.

Commentaire:

Pourquoi pas le consulat d'Espagne?

200.
L'ex-Yougoslavie
a été ensanglantée, car elle
n'avait pas aimé l'idée
d'être indépendante.

Commentaire:

Faut que ça saigne!

201.
L'Angleterre
du XVIIIe siècle est
caractérisée par la naissance
de la vérité.

Commentaire:

Et merde à Socrate!

202.
Les Balkans
ne savent plus où
se mettre.

Commentaire:

Je parie pour le sud-est
de l'Europe.

203.
C'est le 16 janvier
que l'étudiant Jan Pallach
se met lui-même au feu.

Commentaire:

Quelle cuisson?

204.
En Allemagne,
le gouvernement social-démocrate
demande l'armistice en 1918
pour écraser la république
de Sparte.

Commentaire:

Peut-être les Allemands
ont-ils attendu un peu trop
longtemps?

205.
Les mœurs et
les coutumes occupent
une place importante
dans la vie des Français
de ce siècle.

Commentaire:

Maudits Français!

206.
Dans la constitution
de Weimar, le président peut
décliner le chancelier.

Commentaire:

Rosa, rosa, rosam...

207.

Après la Première Guerre mondiale, de nouvelles divisions de pays se font vite, sans penser qu'un Allemand en Pologne mêlé avec ceux de Serbie ne pouvait pas fonctionner.

Commentaire:

Et la Macédoine, y avez-vous pensé à la Macédoine?

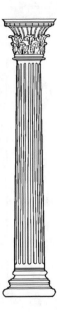

Les États-Unis
vus
du nord

208.
Aux États-Unis,
ils ont un roi qu'on appelle
le président.

Commentaire:

Washington et Jefferson
se retournent dans leur
tombe.

209.

Dans la constitution américaine, en ce qui concerne la représentation politique, un noir vaudra 3/5 d'un noir.

Commentaire:

On touche ici aux débuts de la ségrégation.

210.
Les Américains voyaient
ainsi leur chance d'avoir
un pied en plein cœur
de l'Afrique.

Commentaire:

Là où la main de l'homme
n'a jamais mis le pied?

211.
Une des caractéristiques
de la constitution des
États-Unis d'Amérique
est le sevrage universel.

Commentaire:

Cruauté envers les
nourrissons.

212.

Dans ses Quatorze Points,
le président américain Wilson
propose la libération des
mers et l'abolition de
la monarchie secrète.

Commentaire:

Il visait sans doute
le roi des cons!

213.
Les membres
de la Chambre des
Représentants ne sont pas
sur la même longueur
d'ongles.

Commentaire:

Ils sont à un cheveu
de se quereller.

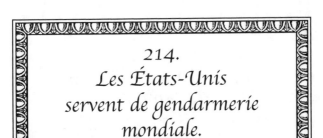

214.
Les États-Unis
servent de gendarmerie
mondiale.

Commentaire:

Circulez,
y'a rien à voir.

215.
Dans ses Quatorze Points,
le président Wilson propose
d'éliminer le capitalisme.

Commentaire:

Voilà pourquoi les
Américains ne l'ont
pas réélu.

216.
Le président
Wilson fit créer la Société
des Nations pour
avoir la paix.

Commentaire:

Basta!

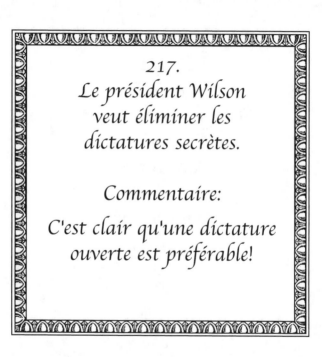

217.
Le président Wilson
veut éliminer les
dictatures secrètes.

Commentaire:

C'est clair qu'une dictature
ouverte est préférable!

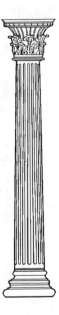

Le tiers monde malmené

218.
La décolonisation
de Madagascar produisit
des effluves sanguignolentes.

Commentaire:

Faut qu'ça saigne!

219.
Il aurait fallu
que le Congo soit
entièrement coupé des
carcans libérateurs.

Commentaire:

Ce type de carcan est
vraiment trop rare.

220.
Les Français
ont implanté en Algérie une
agriculture monétaire.

Commentaire:

Et on dit que
l'argent ne pousse pas
dans les arbres.

221.

*Le tiers monde
est un des fléaux les plus
importants de la société
moderne.*

Commentaire:

Une sorte de plaie
d'Égypte, quoi!

222.
Aujourd'hui,
le tiers monde existe encore
et fait souffrir plusieurs
personnes de la même
façon que dans le passé.

Commentaire:

«Fais-lé souffert»!

223.

Lorsque le peuple
ivoirien se mit en branle,
le cri de la décolonisation
se fit entendre par le
colonisateur.

Commentaire:

«BANDUNG»!

224.
La décolonisation s'explique
par la vengeance des
Asiatiques sur les Africains,
qui ont tué leurs liens
de parenté.

Commentaire:

Guerre clanique?

225.

Les pays du Proche-Orient doivent savoir se comporter avec l'Occident. En effet, la cause de ce comportement est la présence de gens dans les puits de pétrole du globe.

Commentaire:

Qu'est-ce qu'on ne trouve pas, dans ces puits de pétrole!

226.
À cette époque,
les colonies nagent dans
une absence de prospérité
économique.

Commentaire:

Et elles flottent sur
le déficit?

227.
Dans les colonies,
les autochtones sont un peu
considérés comme des
autochtones.

Commentaire:

Ah! bon?

228.
De nos jours,
la société algérienne ne se
trouve pas bien dans ses
langues.

Commentaire:

Paroles, paroles,
paroles...

229.

Les principes développés par Gandhi sont la non-violence et la non-compétence.

Commentaire:

Incompétent, va!

230.
À ce moment,
l'avenir économique
de l'Afrique noire apparaît
très sombre.

Commentaire:

C'est la Grande
Noirceur.

231.
Acquise dans
les Antilles, la canne à sucre
est transformée en rhume
sur le continent.

Commentaire:

Pour ne pas être prise
en grippe?

232.
Les pays issus de
la décolonisation manquent
d'intellectuels pour créer
des entreprises.

Commentaire:

Ça ne fait pas des
entreprises fortes!

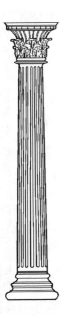

L'État et
la démocratie
repensés

233.

C'est la formule d'amendement de la Constitution que le Canadien a rapatriée en 1982.

Commentaire:

Les Nordiques se sont encore fait avoir.

234.
Ce texte ouvre les yeux
de la population sur la vie
privée de l'État.

Commentaire:

Et dire que certains
pensent que l'État n'a rien
à faire dans la chambre
à coucher des citoyens!

235.
Parmi les droits de l'Homme en vertu de la Déclaration des droits de l'Homme et du citoyen de 1789 se trouve le droit à la répression.

Commentaire:

D'où la Terreur!

236.
Parmi les droits naturels et imprescriptibles de l'Homme se trouve le droit à la propreté.

Commentaire:

Un droit méconnu pour certains!

237.
Le sentiment
démocratique y est pur
et pendu.

Commentaire:

C'est sans doute mieux que
d'être peu répandu.

238.
La démocratie directe,
c'est quand les partis
politiques se parlent
directement.

Commentaire:

Qu'est-ce que ça veut dire,
«tautologique»?

239.
Parmi les formes de monarchie de la période moderne, on compte la monarchie disciplinaire.

Commentaire:

Gauche-droite, gauche-droite...

240.
C'est un système
plutôt cratique.

Commentaire:

Où les plutôt crates
s'enrichissent!

241.
La thalassocratie est un régime politique qui ressemble à la démocratie, mais fut inventé par Thalès.

Commentaire:

Pouvez-vous répéter s'il-vous-plaît?

242.
À ce moment,
les lois s'améliorent par
voie législative.

Commentaire:

Ce sont les juges qui sont
frustrés.

243.

Ces pays
sortent de régimes qui furent
longtemps au pouvoir.

Commentaire:

Au moins, ils en
sont sortis!

244.
Dans le
Parlement anglais,
il y a la chambre
des lards.

Commentaire:

«Gros jambon».

Le sexe et les femmes dans l'histoire

245.
Avant la
Première Guerre mondiale,
les gros seins et les grosses
fesses étaient convoités.

Commentaire:

Et après?

246.
Les femmes trouvées
dans les archives nous disent
que le sexe de Satan
était froid.

Commentaire:

Et les femmes trouvées
dans les saunas?

247.

Dans ce travail, je vous expliquerai le déclin des maisons closes en France au XIXe siècle en démontrant la baise de la clientèle.

Commentaire:

C'est le bordel!

248.
La population
ne sait plus à quel sein
se vouer.

Commentaire:

Cruel dilemme.

249.
Un des facteurs
qui permet la diffusion de
la civilisation occidentale
est l'accouplement.

Commentaire:

Diffusion lente, mais
certaine.

250.
On voit apparaître
la danse, qui favorise
le déhanchement
des hanches.

Commentaire:

Mais c'est un péché
mon fils!

251.

Un des phénomènes
qui touche le monde
occidental après 1945 est la
propagation de la sexualité.

Commentaire:

Avant 1945 on parle de
reproduction asexuée.

252.
L'Empire ottoman
se fait dépuceler et les autres
pays n'apprécient guère.

Commentaire:

Bande de jaloux!

253.
La femme représente
aussi la bourgeoisie,
puisqu'elle était perçue
comme un produit de luxe.

Commentaire:

Oubliez le caviar
et le foie gras.

254.
À cette époque,
les femmes étaient résistantes
aux hommes.

Commentaire:

Les hommes, eux, ont dû
se faire vacciner.

255.
Le féminisme
demande aux hommes
d'abandonner leur
machinisme traditionnel.

Commentaire:

Choisis: c'est moi
ou ton char.

256.
On assiste alors
à la naissance du
féministre.

Commentaire:

Encore un néologisme
politiquement correct.

257.
À l'époque de la naissance du féminisme, les hommes avaient droit au corps électoral.

Commentaire:

Maintenant, ils n'ont plus droit à rien.

258.
Pendant
l'entre-deux-guerres,
le féminisme a gagné de
nombreuses oreilles.

Commentaire:

Toréadore...

259.

Le mouvement féministe demande aux hommes de lâcher un peu les machines et de s'investir plus dans les tâches ménagères.

Commentaire:

Roger, lâche ta machine à boules et viens faire la vaisselle.

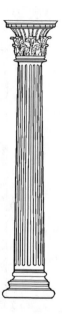

L'histoire, ça n'est pas que des dates

260.
En Asie,
une famille a fait treize
millions de morts.

Commentaire:

Sans doute une famille
totalitaire.

261.
À ce moment,
les empires se séparent,
et après ils s'entretuent.

Commentaire:

Tout un divorce.

262.
Ces transferts de
population s'accompagnèrent
de carnages et de plagiats.

Commentaire:

On a envoyé les coupables
en retenue.

263.
Les Indiens
qui n'acceptaient pas les
règles étaient exportés.

Commentaire:

Maudits exportés.

264.
Ce peuple barbare
fondit un royaume.

Commentaire:

Un royaume avec un
château de glace?

265.
À ce moment,
le retour du peuple
comprimé envahit
les médias.

Commentaire:

On décompresse grâce
à la presse.

269.
L'extermination
des Amérindiens d'Anatolie
fut très méthodologique.

Commentaire:

La preuve en est qu'il n'en
reste plus un seul.

266.
Cet homme confondait
l'amour de la pauvreté et
le massacre des biens.

Commentaire:

Pitié pour ces pauvres
biens!

267.
Les historiens
du XXᵉ siècle font l'étude
de l'histoire en superficie.

Commentaire:

Remarque profonde!

268.
L'histoire
c'est le présent
mais on tient con
du passé.

Commentaire

Le temps pass
tout s'efface...

270.

Ce texte est intéressant pour
l'historien car il lui permet
d'étudier le passé, ces années où
il y avait encore des préjugés.

Commentaire:

Quelle chance pour nous
de vivre dans le présent!

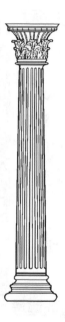

Québec et
Canada:
les deux
solitudes?

271.

Duplessis ne voulait pas que la société avance. Alors il a refusé les subventions fédérales pour la construction de la route transcanadienne.

Commentaire:

Avancez par en arrière!

272.
Montréal
est reliée par les
deux rives.

Commentaire:

Ça fait mal.

273.
La Révolution
tranquille représente la
fin du Moyen Âge.

Commentaire:

Je savais que
le Québec était en retard,
mais à ce point?

274.
Pendant la Révolution tranquille, de nouveaux groupes réussirent à culbuter l'élite ancienne dans l'opposition.

Commentaire:

Élite, c'est bien féminin, non?

275.
Pendant la
Crise de 1929, des milliers
d'ouvriers sont menacés
de prolétarisation.

Commentaire:

Et les agriculteurs
de ruralisation.

276.
René Lévesque
était un des importants
bras droits de Jean Lesage.

Commentaire:

Jean Lesage, alias
la pieuvre.

277.
Par la Politique
nationale, le Canada se dote
d'un chemin de faire.

Commentaire:

Pourquoi pas un
chemin d'être?

278.
Selon le clergé, la
différence entre les sexes
entraîne un désordre social.

Commentaire:

Voilà qui explique
le désordre dans lequel
nous vivons.

279.
Par ses agissements,
Duplessis a créé l'absence
d'une bourgeoisie
canadienne-française.

Commentaire:

Maurice le magicien!

280.
À cette époque,
le Québec d'alors n'est pas
celui d'aujourd'hui.

Commentaire:

Trouvez l'erreur!

281.
Il faut se souvenir
qu'à l'époque, les mœurs
électorales étaient encore
engluées dans des
pots-de-vin.

Commentaire:

Ou des pots de colle?

282.

À l'époque de Duplessis,
toute réforme visant à faire des
changements est accusée d'être
d'inspiration communiste.

Commentaire:

Seulement si elle vise à faire des
changements, toutefois.

283.
Robert Bourassa
prône la limitation du
pouvoir à penser du
gouvernement fédéral.

Commentaire:

Crypto-séparatiste!

284.
Les Pieds-Noirs
ont immigré au Canada,
ce qui a créé des inégalités
sociales.

Commentaire:

Encore des immigrants qui
foutent le bordel!

285.
Parmi les
réalisations de Duplessis,
on retrouve l'électrification
des agriculteurs.

Commentaire:

C'est sans doute la cause de
la Grande Noirceur!

286.
Lors de cette élection, le clergé est intervenu en chair et au confessionnal.

Commentaire:

Pour votre pénitence, vous voterez pour l'Union Nationale.

287.

La prospérité de l'industrie de la chaussure au Québec s'explique ainsi: comme les chaussures n'étaient pas très résistantes, on devait en acheter souvent.

Commentaire:

En allant au dépanneur, ramène-moi donc trois ou quatre paires de chaussures.

288.

Le déclin de l'industrie du cuir au Québec au XXᵉ siècle est dû à la diminution du nombre d'animaux qu'on pouvait chasser pour en faire des articles de cuir.

Commentaire:

Attention agriculteurs: la chasse aux vaches est ouverte.

289.
La langue
française essayait de
se défendre parmi le
Canada anglais.

Commentaire:

Pauvre petite
orpheline!

290.
Ce syndicat n'aurait pas pu réussir dans la région de l'amiante, car le communisme est inséré en lui par les membres.

Commentaire:

Rusés, ces communistes!

291.
Dans les années 60, il n'est plus question pour les Québécois de se faire marcher sur le corps par le clergé.

Commentaire:

Ils laissent cette douloureuse occupation aux fakirs.

292.
Un des groupes
d'industries les plus
importants au début du XXe
siècle au Québec est celui des
métaux non métalliques.

Commentaire:

Quand ça va mal...!

293.
Ce n'est qu'au cours
du mandat de 1963 qu'on
commencera à parler anglais
et français dans les
papiers de l'État.

Commentaire:

C'est l'invention du
papier bavard.

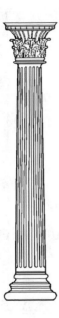

On n'arrête
pas
le progrès

294.
Grâce aux rayons X,
l'homme a pu étudier son
métabolisme en profondeur.

Commentaire:

On n'ose pas se demander ce
qu'il a fait avec les rayons
gamma.

295.
C'est à ce moment
que le fond de l'histoire de
la radioactivité se tissa.

Commentaire:

Une histoire tricotée
serrée!

296.
Le progrès
de ces machines ne cesse
d'arrêter.

Commentaire:

Maudite mécanique!

297.
L'aqueduc est
un système d'irrigation
de l'eau.

Commentaire:

Plouf!

298.
Au XVIIIᵉ siècle,
la machine à vapeur
remplace les animaux
dans les champs.

Commentaire:

Meuh!

299.
L'étape capitale
en matière d'aéronautique
est le vol de la Manche
par Blériot.

Commentaire:

Et le vol du veston
par...

300.
Galilée nous apprend
que nous ne sommes pas au
centre de la Terre, mais que
c'est le Soleil qui l'est.

Commentaire:

C'est mieux comme ça:
j'avais chaud!

301.
Lorsque Galilée
inventa le microscope,
celui-ci mit en doute la
véracité de l'Église.

Commentaire:

Je ne vois pas
d'Église ici!

302.
La révolution scientifique
du XVIIe siècle comprend
une mécanisation de la
nature.

Commentaire:

Les romantiques en
sont pantois.

303.
L'invention
du téléphone a aussi eu
des impacts humanitaires,
comme la création du 911.

Commentaire:

Merci, M. Bell.

304.
Pendant la Révolution industrielle, les gouvernements font construire des rivières.

Commentaire:

Le seul problème, c'est de transporter l'eau jusqu'à la rivière.

305.
Au XIXᵉ siècle,
on assiste à une amélioration
du système humanitaire:
les gens sont plus propres.

Commentaire:

Saletés d'humains!

306.
La révolution
industrielle produisit
alors un développement
de la machination.

Commentaire:

Sombre complot contre la
classe ouvrière!

307.
Lorsqu'un courant
électrique passe dans un fil,
cela produit une force com-
parable à celle d'un amant.

Commentaire:

C'est le coup de foudre
pour sûr!

308.
À cette époque,
les outils de travail
sont chétifs.

Commentaire:

Imaginez les
humains!

309.
Avec la vapeur
et le charbon, on a vu
apparaître les tracteurs
pour tirer la jachère.

Commentaire:

...et la bobinette cherra.

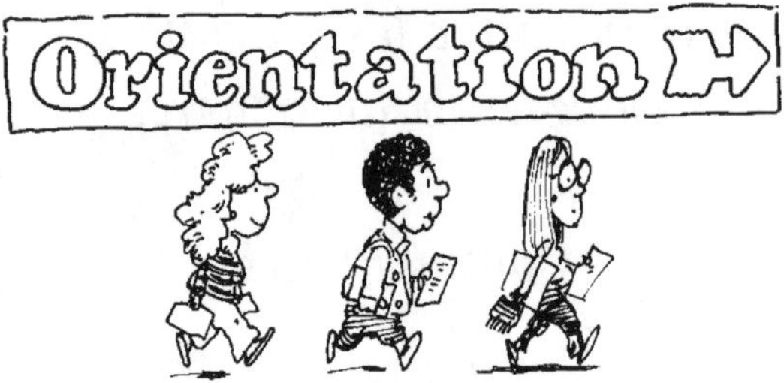
Orientation

310.
La boussole est
un instrument sans lequel
nous serions peut-être en
France aujourd'hui.

Commentaire:

Qui est l'idiot qui
l'a inventée?

311.
On nomme
l'ensemble des primates
auquel appartient l'homme
les classes sociales.

Commentaire:

Darwin est confondu.

312.
Le téléphone
sert à rejoindre en peu
de temps une personne
désirée.

Commentaire:

Freud est confondu.

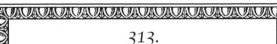

313.

Après la Deuxième Guerre mondiale, l'avion devient un mode de transport plus courant, surtout grâce au procédé de pressurisation de la carabine.

Commentaire:

Bang!

Écriture

et

création

314.
Ce texte
fut écrit sous sa plume
en 1962.

Commentaire:

Sans doute dans un
style très léger.

315.
Cette revue est
apparue pour la première
fois en 1950.

Commentaire:

Abracadabra!

316.
L'auteur n'a pas
mordu ses mots avant
d'écrire ce texte.

Commentaire:

On ne peut pas dire de
lui qu'il est chien.

317.
À ce moment,
la pointe de son crayon
échappa ceci: ...

Commentaire:

Quel suspense!

318.
Son analyse
est négative, dans le sens
non constructif du terme.

Commentaire:

C'est songé!

319.
Une question
me flotte maintenant
dans la tête.

Commentaire:

Celle là, vraiment,
je n'ose pas la
commenter.

320.
Cet auteur
a écrit un texte
brusque.

Commentaire:

Sans doute farci
de ponctuation.

321.
Dans le processus
de création, les surréalistes
accordent la première place
à l'inconscience.

Commentaire:

Rien de tel que le coma
pour créer!

322.
L'histoire
de ce livre commence
très normalement.

Commentaire:

C'est rassurant.

323.

Ma problématique est la suivante:
Que serait-il arrivé si les ouvriers
avaient été d'une classe sociale
supérieure? Mon hypothèse est
qu'ainsi leurs problèmes auraient
été réglés car alors ils auraient été
leurs propres patrons.

Commentaire:

Fin de la lutte des classes.

324.
Freud a développé
la théorie de l'inconscience
chez l'homme.

Commentaire:

Avait-on besoin de lui
pour cela?

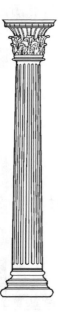

Familles,
je vous
hais

325.
De nos jours,
toutes les familles normales
se nourrissent en électricité
pour survivre.

Commentaire:

Mange ton électricité, ou tu
n'auras pas de dessert.

326.

Donc on peut conclure que notre famille dans les temps contemporains est à l'origine de Rome par le nom et certaines traditions.

Commentaire:

C'est la génération à rebours!

327.
Comme beaucoup
de familles habitent en ville,
il y a surpopulation rurale.

Commentaire:

Ah, ces célibataires!

328.
Le baby-boom
a produit dans la pyramide
des âges un ronflement qui
suit les baby-boomers dans
leur processus de vieillissement.

Commentaire:

Et voilà pourquoi maman
ne dort plus!

329.
S'il meurt,
il devra démissionner.

Commentaire:

Ou vice-versa!

330.
Pendant l'entre-deux-guerres,
il y a un fort taux de natalité,
ce qui, de nos jours, affecte
grandement l'économie puisque
la pyramide des âges
est inversée.

Commentaire:

Pouvez-vous répéter,
s'il-vous-plaît?

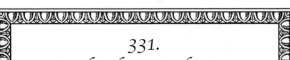

331.
On dit des populations
qui se sont fixées quelque
part qu'elles sont
sédimentaires.

Commentaire:

À condition qu'elles ne
bougent plus.

332.
Le taux de natalité est à la baise à cause de la Deuxième Guerre mondiale qui fait baiser un climat non propice.

Commentaire:

C'est bien connu: pas de baise, pas de natalité!

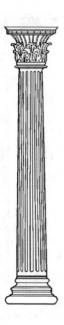

L'économie
est-elle
une science
exacte?

333.

Il faut auto-réguler le système en le désengageant, ce qui provoquera une baisse des impôts et favorisera la relance de l'action sur la demande.

Commentaire:

Auto-régulons donc!

334.
À ce moment-là,
le surplus était inutile.

Commentaire:

Sans parler du
superflu.

335.
Le capitalisme
est une méthode non
philosophique, mais
économique.

Commentaire:

Comme le disait
Descartes.

336.
Le Québec
procède à l'émigration
des produits finis et à
l'immigration de matières
premières.

Commentaire:

Encore des voleurs de jobs!

337.
Les impôts sont
des sommes destinées au
paiement des intérêts sur la
dette publique accumulée.

Commentaire:

Prémonitoire!

338.
Au XIXᵉ siècle,
les salaires sont rarement
rémunérés.

Commentaire:

C'est écœurant! Encore les
bourgeois qui ont tout!

339.
Son commerce
est tourné vers l'extérieur, ce
qui est peu favorable pour
un pays exportateur.

Commentaire:

Quelle malchance!

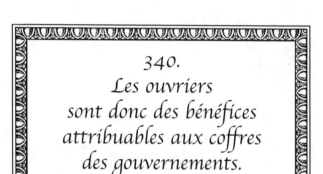

340.
Les ouvriers
sont donc des bénéfices
attribuables aux coffres
des gouvernements.

Commentaire:

Marx peut aller
se rhabiller.

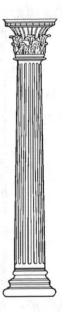

La
philosophie,
c'est difficile

341.
La subsistance,
c'est ce qui est essentiel
à l'être.

Commentaire:

Sartre n'aurait pas
dit mieux.

342.
En philosophie,
Aristote fonda l'école
aristocratienne.

Commentaire:

Il fit ainsi preuve de
noblesse d'esprit.

343.
Descartes
nous dit que l'homme
est divisé en deux:
le corps et l'âme.

Commentaire:

Mais où est-il allé
chercher ça?

344.
Selon la
philosophie des Lumières,
tous les hommes
naissent égo.

Commentaire:

Je, me, moi...

345.
La philosophie
étudie l'être humain et les
relations entre celui-ci
et les animaux.

Commentaire:

C'est une discipline
ambitieuse.

346.
Imaginez des pays
où les minorités sont
majoritaires.

Commentaire:

Ça prend une
imagination fertile.

347.
On assiste
alors à la fonte des élites
traditionnelles.

Commentaire:

V'là l'printemps!

348.
D'abord,
il y a des problèmes
sur les nationalités, car on
ne sait plus dans quel
pays elles sont.

Commentaire:

En Macédoine, peut-être?

349.
À cette époque,
l'élitisme n'était pas fait
pour la majorité.

Commentaire:

Triste époque!

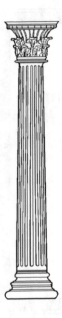

L'agriculture
démystifiée

350.
L'agriculture
nous vient des sédentaires,
quand ils ont débuté à faire
de la chasse et de
la cueillette.

Commentaire:

La chasse aux épis?

351.
À partir
de ce moment, le cheptel
produit plus d'engrais
pour les animaux.

Commentaire:

Sous la marque
Dr. Ballard.

352.
Au point de vue agricole,
la révolution des transports
du XIXe siècle provoque la
disparition des animaux.

Commentaire:

Ainsi, les vaches ne regar-
dent plus passer les trains.

353.
Une des caractéristiques de la révolution agricole du XVIIIᵉ siècle est la suppression des terres agricoles.

Commentaire:

Ce sont les agriculteurs qui vont être contents!

354.
La révolution
agricole du XVIIIe siècle
est marquée par la
suppression du cheptel.

Commentaire:

Et vivent le végétalisme
et le tofu.

355.
À cause
des «enclosures», les bêtes
ne pouvaient plus faire
l'amour.

Commentaire:

Voilà sans doute un élève qui
fait l'amour comme une bête!

356.
Les agriculteurs
élèvent davantage
de bétaux.

Commentaire:

Et un bêta?

357.
Les élites cléricales
de cette époque pensent
encore que les gens de
la campagne sont des
cultivateurs.

Commentaire:

Bande d'arriérés!

358.
L'augmentation
des cultures provoque
le renflement
du bétail.

Commentaire:

Enflure, va!

359.
Une des nouveautés
de l'époque est l'assolement
du tyrénal.

Commentaire:

On devine que ça doit
être douloureux.

360.
À cette époque,
l'agriculture rurale
devient une agriculture
urbaine.

Commentaire:

C'est fort pratique, mais il
faut compter avec les odeurs!

361.
L'inondation
de la mer permet une
meilleure qualité
des terres.

Commentaire:

D'où le pré salé!

362.
Grâce à la suffisance agricole, il est maintenant possible de vivre en ville.

Commentaire:

Quels prétentieux, ces paysans.

363.
Les villes
se développent,
ce qui amène un essor
de l'élevage.

Commentaire:

En histoire, on doit
faire des liens.

364.
Les paysans vont se réfugier dans les villes pour pouvoir exercer leur métier.

Commentaire:

Les réfugiés sans terres: encore du travail pour l'ONU.

365.

Lors de la Révolution industrielle, les gens quittent la terre; celle-ci n'est plus essentielle, puisque dans les villes on trouve des marchés.

Commentaire:

Pourquoi n'y a-t-on pas pensé avant?